PRÉDICTIONS

DE

L'APOCALYPSE.

Extrait de l'Ami de la Constitution.

—

LA ROCHELLE,

Typographie de A. SIRET, rue du Temple, 45.

—

1850.

PRÉDICTIONS

DE

L'APOCALYPSE.

∽∽∾∾◉∾∾∽∽

La naissance, la vie et la mort de
Jésus furent une œuvre de civilisation et de liberté, *salus mundi.*

En ce temps-là Jean fut l'alpha et l'oméga
du Christianisme ; il fut d'abord l'exorde
dont Jésus allait être le discours. Puis le
dernier prophète du chemin de la liberté
dont Christ venait de planter les premiers
jalons.

Or, voici ce que Jean le précurseur disait :

« Toute vallée sera remplie, toute montagne et toute colline sera abaissée, les che-
mins inégaux seront rendus unis, et l'on

aplanira ceux qui sont rudes. Et toute chair verra le sauveur qui est donné de Dieu.»

Puis se tournant vers les pharisiens, qui étaient les grands et les puissants du peuple et qui venaient à lui, il ajoutait :

« Race de vipères, qui vous a donc avertis de la colère qui va tomber sur vous? Déjà la cognée est à la racine de l'arbre.»

Or les grands et les riches, effrayés par ces menaces, par cette colère prochaine qui devait les atteindre, par cette hache qui devait les couper comme du bois mort, s'écriaient et et l'interrogeaient en disant :

« Que faut-il donc que nous fassions ? »

Et Jean leur répondait :

« Que celui qui a deux habits en donne un à celui qui n'en a pas et que celui qui a de quoi manger en use de même. »

Bientôt après, Jésus, enfant du peuple, naquit à Bethléem dans une crèche. Libérateur de l'humanité souffrante, il devait en subir tous les maux et toutes les injures. « La Providence, dit Esquiros, semble en effet prendre plaisir à charger la venue de ce petit enfant de toutes les misères et de tous les rebuts de la société ; elle le fait naître Juif, et par conséquent en dehors du droit de citoyen (1); elle le tire de parents obscurs et pour plus d'abaissement, elle le jette à son entrée au monde dans une étable. Il devait en être ainsi : (Le peuple était alors

---

(1) Jésus-Christ n'était pas citoyen Romain.

dans une grande attente : le pauvre attendait sa délivrance, l'esclave attendait un sauveur.) Ce n'est jamais du sein de la grandeur et de l'opulence que peut sortir une protestation sérieuse contre les abus de la vieille société. Le Christ devait subir tous les affronts et passer lui-même par tous les esclavages, toutes les humiliations du pauvre, pour les glorifier dans sa personne et en affranchir un jour l'humanité. » La naissance de Jésus fut donc une œuvre de civilisation et de liberté; *salus mundi.*

> Peuple, chapeau bas! voici le premier démocrate du monde! (*Paroles d'un élève de l'école polytechnique devant l'image du Christ, à la prise des Tuileries, révolution de 1848*).

En effet, l'un des premiers actes de Jésus à son retour en Galilée est la lecture qu'il fit dans une synagogue de Nazareth du passage suivant du livre d'Isaï : « L'Esprit du Seigneur s'est reposé sur moi; il m'a sacré par son onction, il m'a envoyé pour prêcher l'Evangile aux *pauvres,* pour guérir ceux qui ont le *cœur brisé.* » « Pour annoncer aux *captifs* leur *délivrance* et pour rendre *la vue* aux aveugles, pour *émanciper ceux qui sont dans l'oppression,* pour publier l'année favorable du seigneur et le jour où il se vengera. » Ayant fermé le livre il dit : « *C'est aujourd'hui que cette écriture que vous venez d'entendre est accomplie.*»

Le temps étant venu où Jésus dût choisir quelques hommes pour l'aider dans son saint ministère, il les prit parmi les pauvres, non parmi les riches, les savants et les grands du pays; ses apôtres, au nombre de douze, étaient : Pierre, André, Philippe, Matthieu, Thomas, Jacques (fils d'Alphée), Thadée, Simon-le-Cananéen, Jacques et Jean et Judas Iscariote qui fut celui qui le trahit. C'étaient tous des hommes de basse condition.

Un scribe, c'est à dire un puissant et lettré, et un jeune homme riche se présentèrent à lui. Au premier, Jésus dit : « Les renards ont des tannières, les oiseaux du ciel ont des nids, mais le fils de l'Homme n'a pas où reposer sa tête. » Et cet homme s'en alla. A l'opulent il dit encore : « Si vous voulez être parfait, allez vendre ce que vous avez et le donnez aux pauvres, et après cela, venez et suivez-moi.» Comme l'autre il se retira tout triste et Jésus le laissa aller, sachant bien qu'on ne refait pas une vieille société avec les débris d'une ancienne aristocratie.

« Le royaume de Dieu, dit Jésus quelque part est au-dedans de vous, c'est à dire dans l'humanité et au sein de chaque homme en particulier; et, suivant un autre texte : « *entre vous.* » Quoiqu'il ait dit ailleurs : « Mon royaume n'est pas de ce monde, ou de ce temps-ci (comme fils de Dieu), il explique sa pensée tout entière dans la prière

qu'il recommande à ses disciples : « Notre
» père qui êtes aux cieux, « que votre *règne*
» arrive » « que votre volonté soit faite *sur*
» *la terre* comme au ciel. » Il veut donc que
l'avènement de ce règne qui refera la terre
à l'image du Ciel, ait lieu dans ce monde.
Que cet avènement ait lieu par l'amour du
prochain et par la liberté : « *Liberi estote*,
soyez libres ! » dit-il à ses disciples. « Vous
n'avez qu'un père, dit-il encore, vous êtes
tous frères. » « Celui qui aura persévéré
jusqu'à la fin sera libre ! » « Je suis la lumière
du monde, dit-il encore au peuple, celui qui
me suit ne marche pas dans les ténèbres ;
mais il aura la *lumière de la vie*. La vie de
Jésus fut donc une œuvre de civilisation et
de liberté, *salus mundi*.

« Jésus, dit Esquiros, fut attaché à la croix.
C'était le supplice des vaincus et des esclaves :
Les citoyens Romains ne pouvaient y être
soumis. Jésus étant venu détruire dans le
monde l'esclavage avec tous ses signes, devait le traverser d'un bout à l'autre, de la
crèche à la croix. Sa mort, par cela même
qu'elle était forcée, fut une condamnation
et une protestation muette. Il a vaincu la
mort par la mort et l'esclavage par l'esclavage. Il a vaincu le plus monstrueux de tous
les esclavages, celui du supplice, en étant
lui-même supplicié. Bientôt la croix renver-
sera l'échafaud. Celui qui souffre témoigne
contre la souffrance, et celui qui meurt,
contre la peine de mort. Dieu a voulu que
le contre-poison au mal fût dans le mal lui-

même. La Passion de Jésus fut une rédemption, c'est à dire un rachat. Les peuples s'étaient vendus à la domination d'un maître, Jésus mourant les racheta. » La mort de Jésus fut donc une œuvre de civilisation et de liberté, *salus mundi*.

Jusqu'ici et à l'appui des citations que nous avons faites pour prouver la doctrine démocratique de Jésus, nous n'avons donné que l'opinion d'Esquiros sur ce sujet, d'Esquiros, qui, démocrate lui-même, peut paraître suspect à bien des gens. Nous empruntons donc quelques fragments de l'œuvre d'un royaliste, homme de génie, œuvre mise au jour tout récemment et qui vient corroborer notre propre conviction sur la mission de Christ en ce monde :

« Au moment où la liberté, l'égalité et la République, dit CHATEAUBRIANT (1), achevaient d'expirer, vers le temps d'Auguste, naissait à Bethléem *le tribun universel des peuples*, le grand représentant sur la terre de l'égalité, de la liberté et de la République, le Christ, qui, après avoir planté la croix pour servir de limites à deux mondes, après s'être fait attacher à cette croix, y être mort, symbole, victime et rédempteur des souffrances humaines, transmit son pouvoir à son premier apôtre. Depuis Adam jusqu'à Jésus-Christ, c'est la société avec des escla-

______

(1) Mémoires d'Outre-Tombe, feuilleton de la *Presse*, 8 mars 1850.

ves, avec l'inégalité des hommes entre-eux; depuis Jésus-Christ jusqu'à nous , c'est la société avec l'égalité des hommes entre-eux, l'égalité sociale de l'homme et de la femme , c'est la société sans esclaves , ou du moins sans le principe de l'esclavage. L'histoire de la société moderne commence au pied et de ce côté-ci de la croix. »

Notre conviction sur la mission et la doctrine démocratique du Christ répandues sur la terre ne repose point sur une vaiue théorie , car cette mission démocratique et cette doctrine démocratique , furent exercées et pratiquées dans la primitive église :

« Pierre, évêque de Rome, ajoute CHATEAU-BRIANT , initia la papauté : *tribuns-dictateurs successivement élus par le peuple, et la plupart du temps choisis parmi les classes les plus obscures du peuple, les papes tinrent leur puissance temporelle de* L'ORDRE DÉMOCRATIQUE, de cette nouvelle société de *frères* qu'était venu fonder Jésus de Nazareth, ouvrier, fabricant de jougs et de charrues, né d'une femme selon la chair et pourtant Dieu et fils de Dieu , comme ses œuvres le prouvent. »

« Les papes eurent *mission* de venger et de maintenir *les droits de l'homme* ; chefs de l'opinion humaine, ils obtinrent tout faibles qu'ils étaient, la force de détrôner les rois avec une parole et une idée. »

« La papauté marchant à la tête de la *civilisation,* s'avança vers le but de la société... Le pape représentait en Europe l'*indépendance politique* détruite presque partout; il fut dans le monde gothique le défenseur *des franchises populaires.*

« Lorsque les papes se rangèrent du côté des rois lorsqu'ils se firent Gibelins, ils perdirent leur pouvoir, parce qu'ils se détachèrent de leur *principe naturel* (l'ordre démocratique). »

Nous pouvons donc dire avec l'un des auteurs que nous avons cités : « Chrétiens , ne rougissez donc plus du signe de votre foi, car l'arbre de la croix planté sur le calvaire est le grand arbre de la liberté. Prêtres , soyez fiers de ce digne rédempteur ! Seulement, au lieu de tourner, dans vos processions, la face de la croix en arrière , comme pour lui faire regarder le passé ; tournez-la en avant , vers l'avenir. »

Le passé, le présent et l'avenir, les voici :

« Quand cet esprit de vérité sera il vous enseignera toute vérité ; car il ne parlera pas de lui-même ; mais il dira tout ce qu'il aura entendu, *et il vous annoncera les choses à venir.* » *(1)*

____

(1) Évangile selon Saint-Jean , chap. 15 , v. 13.

EXPLICATIONS

SUR

L'Apocalypse de Saint-Jean.

CHAPITRE XIX.

1. Après cela j'entendis comme la voix d'une nombreuse troupe qui était dans le ciel, et qui disait : *Alleluia*, salut, gloire et puissance à notre Dieu.

La voix de la grande troupe est la révolution de 1789 qui crie : *Gloire et puissance à la liberté*, venant de Dieu !

—

2. Parce que ses jugements sont véritables et justes, qu'il a condamné la grande prostituée,....

La tyrannie.

—

Qui a corrompu la terre par sa prostitution, et qu'il a vengé le sang de ses serviteurs, *qu'elle avait répandu* de ses mains.

Qui ne sait pas l'histoire, les tortures éprouvées et le sang versé avant 1789 pour la cause de civilisation, de la liberté et de l'égalité?

—

3. Ils dirent encore *Alleluia*, et la fumée de son *embrasement* s'élève dans les siécles des siècles.

—

Le peuple persiste dans la révolution de 1789, et imprime à la terre un ébranlement qui dure encore,

—

4. Alors les vingt-quatre vieillards et les quatre animaux se prosternèrent et adorèrent Dieu qui é-tait assis sur le trône.

Le peuple représenté par les vingt-quatre vieillards, le trône et le tiers-état, formant quatre pouvoirs, se rattachent à la liberté, assise elle-même au-dessus de tous,

—

5. Et il sortit du trône une voix qui disait : Louez notre Dieu, vous tous qui êtes ses serviteurs et qui le craignez, petits et grands.

On sait que Louis XVI, sans les intrigues de sa cour, eût été libéral et constitution-nel.

—

6. J'entendis encore comme le bruit d'une gran-de troupe ; ce bruit était semblable au bruit des grandes eaux, et à de grands coups de tonnerre ; et cette troupe disait : *Alleluia*, louez Dieu parce que le seigneur Dieu, le tout-puissant, est entré dans son règne.

Préludes de la révolution de 1793 , torrent populaire emportant toutes ses digues.

—

7. Réjouissons-nous , faisons éclater notre joie , et rendons-lui gloire, parce que *les noces de l'agneau sont venues et que son épouse s'y est préparée.*

La France a proclamé la République , elle s'y était préparée par de longues souffrances.

—

8. Et il lui a été donné de se révêtir d'un fin lin d'une blancheur éclatante, et ce fin lin ce sont les justices des saints.

La démocratie , revêtue enfin de la robe prétexte.

—

9. Alors il me dit : Ecrivez , heureux ceux qui ont été appelés au souper des noces de l'agneau ! Et l'Ange ajouta : ces paroles de Dieu sont véritables.

Heureux ceux qui donnèrent leur adhésion à la République et aux véritables paroles de Dieu résumées en ces mots : Liberté , égalité fraternité.

—

10. Aussitôt je me jetai à ses pieds pour l'adorer; mais il me dit : Gardez-vous bien de le faire, je suis serviteur de Dieu comme vous *et comme vos frères qui demeurent fermes dans le témoignage qu'ils rendent à Jésus.* Adorez Dieu, car l'esprit de prophétie est le témoignage de Jésus.

La République et sa devise étaient en effet les servantes de Dieu, et ceux qui pratiquaient fermement les préceptes qu'elles enseignent rendaient réellement témoignage à Jésus.

———

11. Je vis ensuite le ciel ouvert et il sortit un cheval blanc ; et celui qui était monté dessus s'appelait *le fidèle et le véritable juge qui combat justement.*

Le souverain populaire ou la souveraineté du peuple, *vox populi, vox Dei.*

———

12. Ses yeux étaient comme une flamme de feu ; il avait sur la tête *plusieurs diadèmes et il portait écrit un nom que nul autre que lui ne connaît.*

Le peuple souverain a, en effet, autant de couronnes que d'hommes politiques, il porte un nom que nul autre que *lui* ne connaît, puisque chaque homme est souverain.

———

13. Il était vêtu d'une robe *teinte de sang*, et il s'appelle le verbe de Dieu.

Il n'est pas jusqu'aux excès de 1793 qui n'aient été prédits par Jean : la robe du peuple souverain fut en effet *teinte de sang*.

—

14. « Les armées qui sont dans le ciel le suivaient sur des chevaux blancs, vêtus d'un fin lin blanc et pur. »

C'est à dire que le ciel quoique blâmant les excès de la démocratie, n'en approuvait pas moins la démocratie pure de ces excès.

—

15. « Et il sortait de sa bouche (de celle du peuple souverain) une épée tranchante des deux côtés, pour frapper *les nations*, car *c'est lui qui doit les gouverner* avec une verge de fer et c'est lui qui foule la cuve du vin de la fureur, de la colère du Dieu tout-puissant.

On ne peut contredire que le peuple de 93 ne portât une épée à deux tranchants, et qu'il ne fût prêt à en frapper *les nations* ; qu'il ne commençât à fouler la cuve du vin de la colère de Dieu.

—

16. Et il portait ce nom écrit sur son vêtement et sur sa cuirasse : Le roi des rois et le seigneur des seigneurs.

Le peuple souverain n'était-il pas le roi des rois et n'avait-il pas détrôné la race qu'il avait appelée au trône ? Ne devint-il pas le seigneur de ses anciens seigneurs ?

—

17. Alors je vis un ange qui était dans le soleil, et qui cria d'une voix forte, en disant à tous les oiseaux qui volaient au milieu de l'air : Venez et assemblez-vous, pour être au grand souper de Dieu.

18. Pour manger la chair *des rois*, la chair des officiers de guerre, la chair des puissants, la chair des chevaux et de ceux qui sont dessus et la chair des hommes, libres et esclaves, petits et grands.

Qui ne voit en effet dans ces versets la prédiction des guerres sanglantes qui eurent lieu sous la république, le consultat et l'empire, tenant tête par les bras du peuple à la coalition des rois étrangers ?—

— Et la chair des rois et des hommes libres et des esclaves, labourée et tombée sur les champs de bataille de l'époque, ne servit-elle pas de pâture *aux oiseaux de proie* ?

—

19. Et je vis *la bête* et les rois de la terre, et leurs armées assemblées pour faire la guerre à celui qui était monté sur le cheval blanc et à son armée.

La *bête* n'est ici que l'hydre du despotisme provoquant la coalition des rois étrangers contre le peuple français et son armée.

—

20. Mais la bête fut prise, *et avec elle le faux prophète, qui avait fait devant elle des prodiges par lesquels il avait séduit ceux qui avaient reçu le caractère de la bête et qui avaient adoré son image.* Et ces deux furent jetés tout vivants dans l'étang brûlant de feu et de souffre.

On doit se rappeler que Bonaparte, oubliant sous les lambris du trône impérial les libertés du peuple, devenant lui-même despote, fut détroné comme usurpateur, après avoir fait des prodiges et séduit ceux qui, de sa main, étaient devenus nobles et avaient adoré son despotisme..

CHAPITRE XX.

1. Je vis encore descendre du ciel un ange qui avait la clef de l'abîme et *une grande chaîne* à la main.

2. Il prit le dragon, l'ancien serpent, qui est le diable et Satan, et l'enchaîna pour mille ans.

L'ange qui descendit fut le précurseur de la restauration à main armée qui succéda au despotisme impérial qu'il enchaîna.

—

3. Et l'ayant jeté dans l'abîme il le ferma sur lui et le scella afin *qu'il ne séduisit plus les nations* jusqu'à ce que ces mille ans soient accomplis, après quoi il doit être délié pour un peu de temps.

Ici se trouve l'exil de Bonaparte à l'Ile d'Elbe d'où il doit être délié *pour un peu de temps.*

—

4. Je vis aussi *des trônes et des personnes* qui s'assirent dessus, et *la puissance de juger* leur fut donnée. Je vis encore les âmes de ceux qui avaient eu la tête coupée pour le témoignage qu'ils avaient rendu à Jésus, et pour la parole de Dieu, et qui n'avaient point adoré la bête ni son image, ni reçu son caractère sur le front ou aux mains ; et elles entrèrent dans la vie, et elles régneront avec Jésus-Christ pendant mille ans.

Ici se retrouvent la restauration et les cent jours, les personnes qui s'assirent sur *ces trônes*, avaient en effet *la puissance de juger* par l'expérience la force invincible de la souveraineté du peuple assis sur la liberté. Ensuite Jean évoque et rappelle les victimes de la liberté, et cette liberté rentrant alors dans la vie par ceux-là même qui n'avaient pas adoré le despotisme et n'avaient pas reçu son caractère sur le front et aux mains. (La liberté de la presse avait repris son essor.)

—

5. Les autres morts ne rentrèrent point dans la vie jusqu'à ce que les mille ans fussent accomplis, c'est là la première résurrection.

Par ces mots : les autres morts, Jean désigne les amis du despotisme ; par ceux-ci : la première résurrection, la résurrection de la liberté de la presse que le gouvernement impérial avait détruite.

—

6. Heureux et saint est celui qui a part à la première résurrection ; la seconde mort n'aura point de pouvoir sur ceux-là, mais ils seront prêtres de Dieu et de Jésus-Christ et ils régneront avec lui pendant mille ans.

Heureux et saints en effet, furent ceux qui prirent part à la résurrection de la liberté de la presse, bâse de toutes les libertés populaires, ils étaient réellement les prêtres de Dieu.

—

7. Après que les mille ans seront accomplis, Satan sera délié, et il sortira de sa prison, et il

séduira les nations qui sont aux quatre coins du
monde, Gog et Magog, et il les assemblera pour
combattre ; leur nombre égalera celui du sable de
la mer.

Après l'octroi de la Charte le 4 juin 1814,
le parti du despotisme royaliste tenta de re-
prendre sa situation perdue. Bonaparte,
autre despote, sortit de sa prison. Ce fut
alors Satan régnant au sein du congrès de
Vienne qui en 1815 séduisit et assembla les
nations pour combattre, en leur promettant
la liberté.

—

8. Ils se répandirent sur la terre, et ils environnèrent le camp des saints et la ville bien aimée.

Les ennemis environnèrent, en effet, le
camp des saints, la France. berceau de la
liberté, et Paris, la ville bien aimée, la
nouvelle Jérusalem de la civilisation.

—

9. Mais Dieu fit descendre du ciel un feu qui les
dévora, et le diable qui les séduisait fut jeté dans
l'étang de souffre où la bête

10. Et ces faux prophètes seront tourmentés jour
et nuit dans les siècles des siècles.

Dieu fit descendre le Saint-Esprit de la
liberté chez nos vainqueurs, et le despo-

tisme, représenté par Bonaparte, fut empri-
sonné de nouveau et pour jamais.

—

11. Alors je vis un grand trône blanc, et quelqu'un qui était assis dessus devant la face duquel
la terre et le ciel s'enfuirent ; et on n'en trouva
pas même la trace.

Restauration du drapeau blanc, avènement de Charles X au trône de France, dis-
parition de ce trône après la publication des
ordonnances de Juillet.

—

12. Je vis ensuite les morts grands et petits qui
comparurent devant le trône ; et des livres furent
ouverts ; après quoi on en ouvrit encore un autre
qui était le livre de vie, et les morts furent jugés
sur ce qui était écrit dans ces livres, selon leurs
œuvres.

Révolution de 1830 ; préparation au rem-
placement de la Charte de 1814 par celle de
1830 ; jugement des ministres de Charles X
sur ce qui était écrit dans l'article 14 de
l'ancienne Charte.

—

13. Et la mer rendit les morts qui étaient ense-
velis dans ses eaux ; la mort et l'enfer rendirent
aussi les morts qu'ils avaient ; et chacun fut jugé
selon ses œuvres.

La France souleva encore le linceul qui avait recouvert la liberté, et reconquit des droits oubliés.

—

14. Alors l'enfer et la mort furent jetés dans l'étang de feu ; c'est là la seconde mort.

Les dieux du mal, l'enfer et la mort, le despotisme et les ordonnances liberticides furent jetées dans le néant.

—

15. Et quiconque ne fut pas trouvé écrit dans le livre de vie fut jeté dans l'étang de feu.

Quiconque n'avait pas combattu pour les libertés fut alors au nombre des réprouvés.

CHAPITRE XXI.

1. Après cela je vis un ciel nouveau et une terre nouvelle ; car le premier ciel et la première terre avaient disparu ; et la mer n'était plus.

Le calme avait succédé à la tempête populaire ; une terre et un ciel nouveau pour la liberté s'offrirent à l'espoir de la France.

—

2. Et moi Jean, je vis descendre du ciel la ville sainte, la nouvelle Jérusalem qui venait de Dieu, étant parée comme une épouse qui s'est parée pour son époux.

Jean vit Paris, cette ville était alors parée de la liberté et de la souveraineté populaire, et se préparait à l'avènement de la démocratie.

———

3. Et j'entendis une grande voix *qui venait du trône* et qui disait : Voici le tabernacle de Dieu avec les hommes, car il demeurera avec eux ; et ils seront son peuple ; et Dieu demeurant lui-même avec eux sera leur Dieu.

Avènement de Louis-Philippe au trône ; sa voix et celle de Lafayette proclamant le gouvernement constitutionnel la meilleure des Républiques.

———

4. Dieu essuiera toutes les larmes de leurs yeux, et la mort ne sera plus ; il n'y aura plus aussi là ni pleurs, ni cris, ni afflictions, parce que le premier état sera passé.

Suite des promesses du trône, présentation de la Charte de 1830, réparation des injustices passées.

———

5. Alors *celui qui était sur le trône*, dit : *Je vais faire toutes choses nouvelles :* Il me dit aussi : Ecrivez que *ces paroles sont très certaines et très véritables.*

Serment à la Charte-*Vérité*, programme de l'Hôtel-de-Ville.

—

6. Il me dit encore : Tout est accompli. *Je suis l'alpha et l'oméga, le principe et la fin.* Je donnerai gratuitement à boire de la source d'eau vive à celui qui aura soif.

7. Celui qui sera victorieux possédera ces choses, et je serai son Dieu, et il sera mon fils.

8. Mais pour ce qui est des timides et des incrédules, des exécrables et des homicides, des fornicateurs et des empoisonneurs, des idolâtres, et de tous les menteurs, leur partage sera dans l'étang brûlant de feu et de soufre : ce qui est la seconde mort.

Après les paroles de Lafayette, présentant au peuple Louis-Philippe devenu *roi des Français* et disant d'un gouvernement constitutionnel avec la souveraineté du peuple : *c'est la meilleure des Républiques.* Le représentant de la royauté constitutionnelle dut se croire et se crut en effet l'*alpha et l'oméga, le principe et la fin*, il promit de donner gratuitement à boire à ceux qui auraient soif de la liberté et de punir le despotisme dans la seconde mort qu'il venait de lui faire subir par son avènement.

9. Alors un des sept anges qui avaient reçu les sept coupes pleines des sept dernières plaies, vînt me parler et me dit : Venez, et je vous montrerai l'épouse qui a l'agneau pour l'époux.

Cet avènement n'était pas cependant l'alpha et l'oméga, le principe et la fin. L'épouse que l'agneau devait avoir pour époux, car l'un des sept anges la montra en songe à Jean.

—

10. Il me transporta *en esprit* sur une grande et haute montagne, et il me montra la ville, la sainte Jérusalem, qui descendait du ciel venant de Dieu.

L'ange montra à Jean Paris, la nouvelle Jérusalem qui descendait du ciel venant de Dieu, parce qu'elle fut et est le berceau de la sainte égalité.

—

11. Elle était environnée de la gloire de Dieu et l'astre qui l'éclairait était semblable à une pierre précieuse, à une pierre de jaspe transparente comme du cristal.

12. Elle avait une grande et haute muraille, où il y avait douze portes et douze anges, un à chaque porte ; et sur ces portes il y avait des noms écrits, qui étaient les noms des douze tributs des enfants d'Israël.

Paris était en effet environné de la gloire de Dieu, si, comme nous l'avons démontré, cette gloire réside dans la démocratie; l'astre de la liberté l'éclairait, lui bâtissait une haute muraille; ses portes étaient gardées de l'invasion par les anges, soldats de Dieu lui-même. *L'ange de la gloire* érigeait l'arc merveilleux de l'Etoile, et y inscrivait les noms des héros des quatorze armées de la Révolution.

(Les chapitres 13 à 22 suivants ne sont que des détails sur la description extérieure de la nouvelle Jérusalem, et bien qu'au figuré ces descriptions soient susceptibles de corroborer notre opinion sur la nouvelle Jérusalem désignée par Jean, nous passons ces détails inutiles à notre sujet.)

—

22. Je ne vis point de temple dans la ville, parce que le Seigneur Dieu tout-puissant et l'agneau en est le temple.

Il n'y avait pas encore de temple à la démocratie, mais Dieu y régnait par l'idée, et la liberté était ce temple.

—

23. Et cette ville n'a pas besoin d'être éclairée par le soleil ou par la lune, parce que c'est la gloire de Dieu qui l'éclaire, et que l'agneau en est la lampe.

Les astres de l'intelligence étant la gloire
de Dieu dont l'agneau ou la liberté est la
lampe ; ils éclairent les Parisiens sans le
secours du soleil ou de la lune.

———

24. *Les nations qui auront été sauvées marcheront
à l'éclat de sa lumière et les rois de la terre y apporteront leur gloire et leur honneur.*

Prédiction d'une partie de ce qui est arrivé
et de ce qui arrivera après la révolution de
Février. Les nations sauvées du despotisme
marcheront à l'éclat de la lumière de Paris
et de la France, et les rois *de la terre* y sou-
mettront leur gloire et leur honneur.

———

25. Ses portes ne se fermeront point chaque jour
parce qu'il n'y aura pas là de nuit.

26. On y apportera la gloire et l'honneur des
nations.

Non-seulement les rois mais les nations
apporteront leur gloire et leur honneur à
l'éclat de l'astre de la Révolution française.

———

27. Il n'y entrera rien de souillé, ni aucun de
ceux qui commettent l'abomination ou le mensonge;
mais seulement ceux qui sont écrits dans le livre
de vie de l'Agneau.

Dans son sanctuaire il ne doit entrer en effet rien de souillé, mais seulement les apôtres de la liberté que l'Agneau représente.

CHAPITRE XXII ET DERNIER.

1. L'ange me montra encore un fleuve d'eau vive, clair comme le cristal qui sortait du trône de Dieu et de l'agneau.

Le fleuve d'eau vive est la révolution de 1848, sortant de Paris, nouvelle Jérusalem, trône de Dieu, proclamant la souveraineté du peuple, la République, le vote universel, et la liberté du monde.

—

2. Au milieu de la place de la ville, des deux côtés de ce fleuve était *l'arbre de vie*, qui porte douze fruits et donne son fruit chaque mois ; et les feuilles de *cet arbre* sont pour guérir les nations.

Le fleuve d'eau vive, la révolution de 1848, planta l'arbre de la liberté qui donne son fruit chaque mois et dont les feuilles à chaque fois qu'elles repoussent doivent guérir les nations des maux du despotisme.

—

3. Il n'y aura plus là de malédictions ; mais le

trône de Dieu et de l'agneau y sera, et ses serviteurs le serviront.

La démocratie, la souveraineté du peuple, le vote universel, tout est prédit dans ce chapitre.

—

4. Ils verront sa face et son nom sera écrit sur leur front.

Ils verront Dieu dans la République et la liberté et les préceptes du Christ : *liberté, égalité, fraternité*, seront écrits sur leur front.

—

5. Il n'y aura pas là de nuit et ils n'auront pas besoin de lampe, ni de la lumière du soleil parce que c'est le Seigneur Dieu qui les éclairera et ils règneront dans les siècles des siècles.

Il n'y a pas de nuit là où la liberté et la démocratie éclaireront de leur flambeau les peuples libres qui, désormais, règneront dans les siècles des siècles.

—

6. Alors il me dit : Ces paroles sont très certaines et très véritables; et le Seigneur, le Dieu des esprits des prophètes, a envoyé son ange pour faire connaître à ses serviteurs ce qui doit arriver *en peu de temps*.

7. Je vais venir bientôt, heureux celui qui garde les paroles de la prophétie qui est dans ce livre.

8. C'est moi Jean qui ai entendu et qui ai vu toutes ces choses. Et après les avoir entendues et les avoir vues, je me jetai aux pieds de l'ange qui me les montrait, pour l'adorer.

9. Mais il me dit : Gardez-vous bien de le faire ; car je suis serviteur de Dieu comme vous, et comme vos frères les prophètes et comme ceux qui garderont les paroles contenues dans ce livre. Adorez Dieu.

10. Après cela il me dit : Ne scellez point les paroles de la prophétie de ce livre ; *car le temps est proche.*

Les quatre paragraphes (6 à 10) de ce chapitre expliquent qu'immédiatement après la révolution de 1848, la prophétie du livre n'est pas encore complète, mais que *le temps est proche.*

—

11. Que celui qui commet l'injustice la commette encore ; que celui qui est souillé se souille encore ; et que celui qui est juste se justifie encore ; et que celui qui est saint se sanctifie encore.

Ici se retrouvent les faits de la réaction et des Burgraves en 1849 et 50, et la persistance des républicains à s'appuyer sur la sainte formule : liberté, égalité, fraternité.

12. *Je vais venir bientôt* et j'ai ma récompense avec moi, pour rendre à chacun selon ses œuvres.

13. Je suis l'alpha et l'oméga, le premier et le dernier, le principe et la fin.

Espoir donc à la démocratie, car le règne de Dieu *va venir bientôt*, portera sa récompense avec lui et rendra à chacun selon ses œuvres.

Ce sera le premier et le dernier, l'alpha et l'oméga, le principe et la fin. Ce n'est pas à cette fois, *une voix qui vient du trône* qui le dit, mais l'ange par la bouche de saint Jean le prophète.

———

Si nous avons expliqué l'Apocalypse dans sa prophétie passée et présente, nous laisserons en blanc l'explication de la prophétie de l'avenir qui se trouve renfermée dans les deux paragraphes suivants, l'avenir y répondra de lui-même.

Disons seulement que la nécessité de laver ses vêtements dans le sang de l'agneau indique sans doute à la République de nouveaux et douloureux sacrifices à souffrir pour obtenir le bonheur promis.

14. « Heureux ceux qui lavent leurs vêtements
» dans le sang de l'agneau ; afin qu'ils aient droit
» à l'arbre de vie, et qu'ils entrent dans la ville
» par les portes. »

15. « Qu'on laisse dehors les chiens, les em-
» poisonneurs, les impudiques, les homicide et les
» idolâtres, et quiconque aime et fait le mensonge »

Nous devons aussi copier les articles 16,
17, 18, 19, 20 et 21 et dernier de l'Apocalypse uniquement pour prouver qu'ils ne
font que corroborer la prophétie :

———

16. Moi Jésus, j'ai envoyé mon ange pour vous
rendre témoignage de ces choses dans les églises.
Je suis le rejeton et le fils de David, l'étoile bril-
lante du matin.

17. L'Esprit et l'Epouse disent : Venez. Que celui
qui a soif vienne ; et que celui qui le veut reçoive
gratuitement de l'eau de la vie.

18. Je déclare à tous ceux qui entendront les
paroles de la prophétie *contenue* dans ce livre, que
si quelqu'un y ajoute quelque chose, Dieu le frappera
des plaies qui sont écrites dans ce livre ;

19. Et que si quelqu'un retranche quelque chose
des paroles du livre qui contient cette prophétie,
Dieu l'effacera du livre de vie, l'exclura de la ville
sainte, et ne lui donnera point de part à ce qui est
écrit dans ce livre.

20. Celui qui rend témoignage de ces choses dit : Certes, je vais venir bientôt. Amen. Venez, Seigneur Jésus.

21. Que la grâce de notre Seigneur Jésus-Christ *soit* avec vous tous.

Et, nous terminerons par où nous avons commencé : La naissance, la vie et la mort de Jésus furent une œuvre de civilisation et de liberté, *salus mundi*.

UN NÉCROMANCIEN.